위대한 셰프들

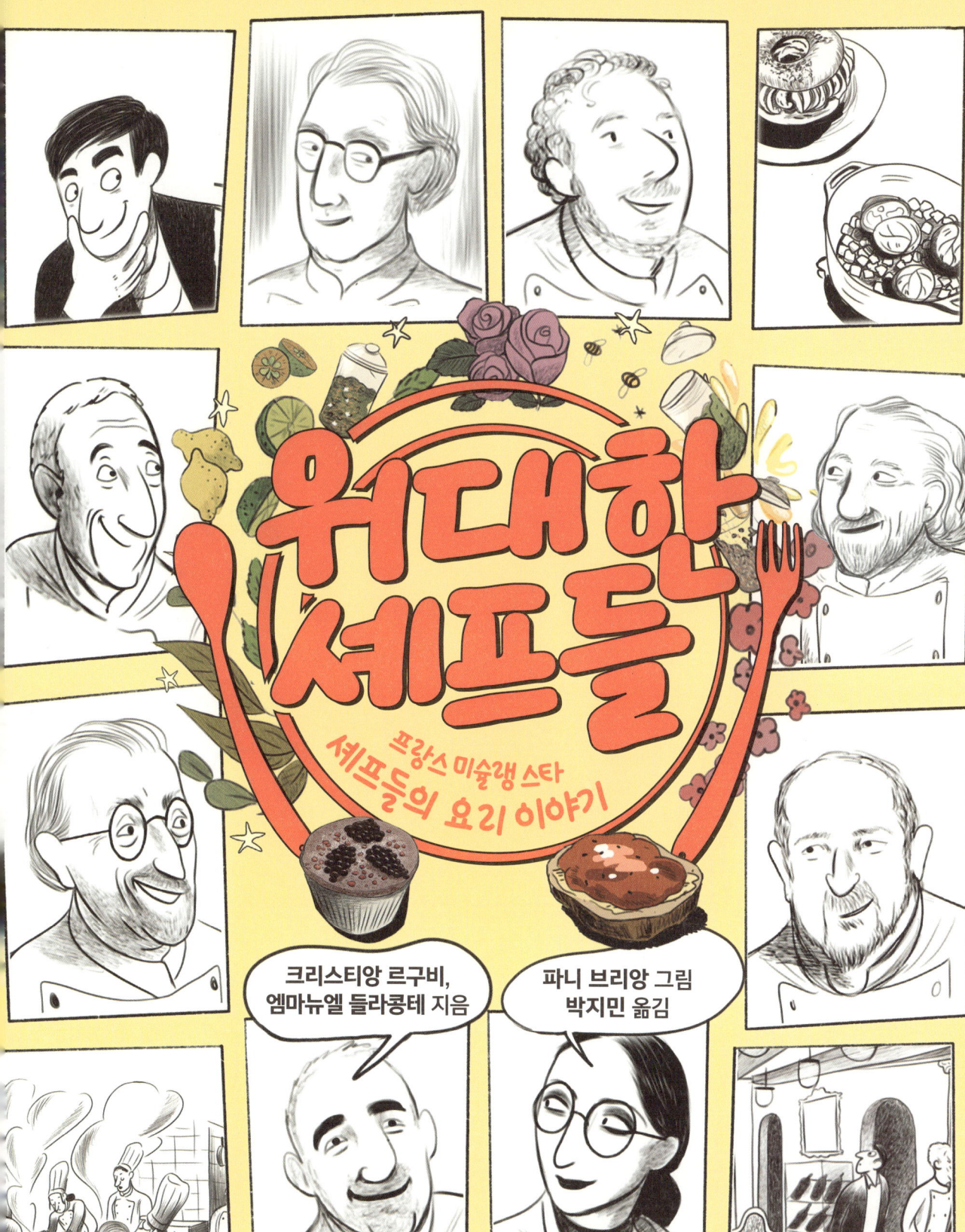

며칠 후

푸푸푸푸푸...

신규 음성메시지 1건 듣기

일어나, 게으름뱅이 기욤! 알랭 뒤카스 씨를 만났단다. 프랑스 요리 학교 설립자야.
세계적으로 유명한 요리사를 여럿 배출한 학교란다. 마침 다음 주에 모임이 있다는구나.
알랭 뒤카스 씨가 널 맞이해 주시겠단다. 네가 인턴 기자라고 소개해 두었어.
그를 만나기 전에 커피 제조소에 가보려무나. 바스티유 근처에 있어.
알랭 뒤카스가 어떤 일을 하는지는 알아야 할 거 아니니.
나중에 우스운 꼴 안 당하려면 잘 기록해 두렴!
다음번에 다시 얘기하자꾸나. 난 오늘 점심 식사 대접이 있어서 말이야!

ALAIN DUCASSE

알랭 뒤카스
<희소식>

"무릇 요리란 먹기에만 좋아서는 안 된다.
사유하기에도 좋아야 한다."
- 클로드 레비스트로스 CLAUDE LÉVI-STRAUSS

ALAIN DUTOURNIER

알랭 뒤투르니에
<그림>

"우리는 미식가다. 예술가이자 교양인이듯이."
- 기 드 모파상 GUY DE MAUPASSANT

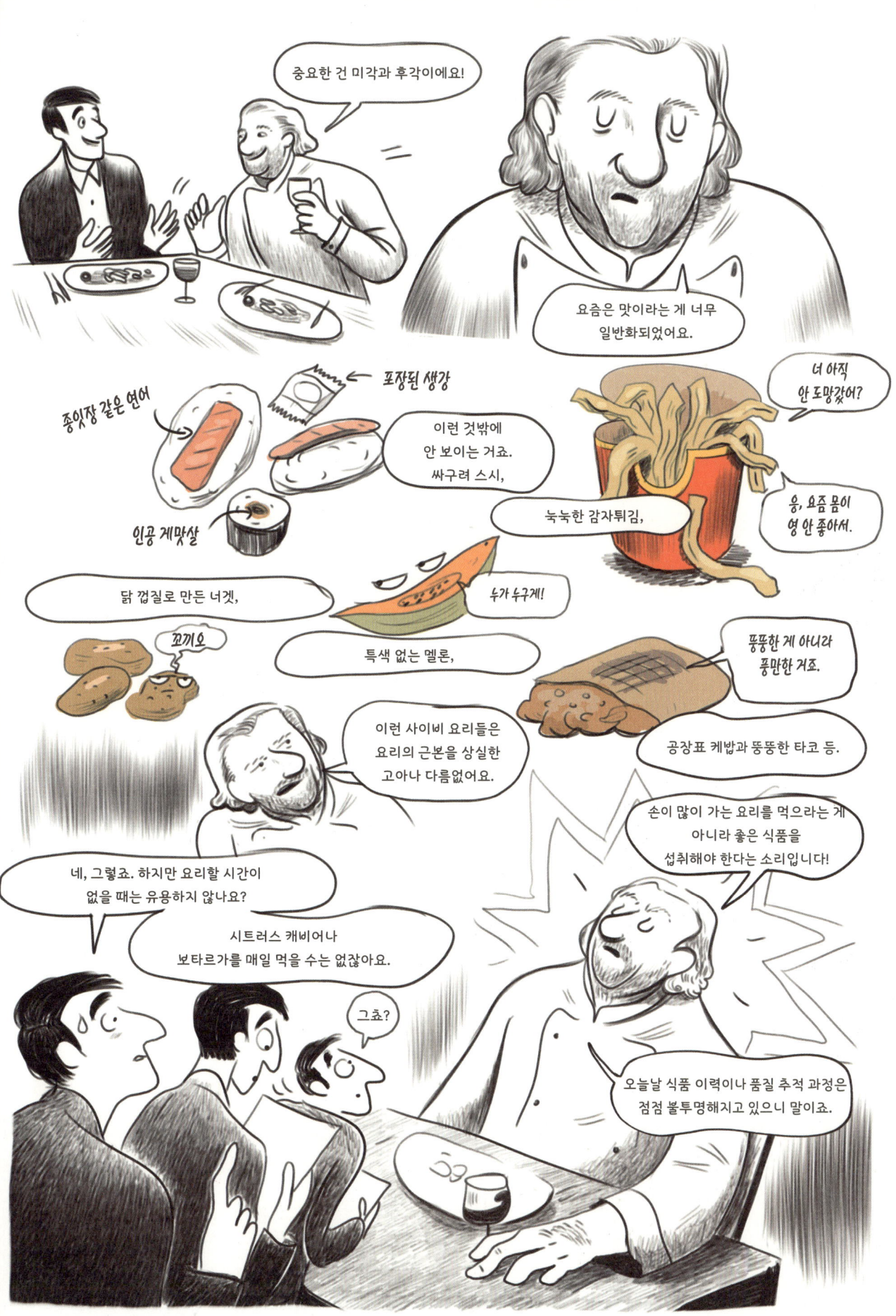

프랑스 문화를 얘기하니 생각나는 일화가 있군요. 클로드 샤브롤 감독이 어떻게 결혼했는지 아나요?

아...아니요.

어느 토요일 저녁 퇴근 후 스크립터가 집에서 같이 저녁 식사를 하자고 권했지요. 샤브롤은 초대에 응했지만 일이 있어 늦게까지는 같이 있을 수 없다고 했어요.

오로르 파조라는 이 여자는 로스트비프를 대접했고, 감독은 아주 맛있게 먹었지요.

저녁을 먹고 난 후 결국 자고 가게 돼요.

* 으깬 감자에 다진 고기를 올려 구운 일종의 그라탕

다음 날 아침 감독이 일터로 향하려는데 여자가 간단하게 요기만 하고 가라는 거죠.

남은 로스트비프로 아시 파르망티에*를 만들었는데 아주 기가 막힌 겁니다.

배도 부르니 잠깐 낮잠이 들고 말았죠.

* 식욕 증진을 위해 식전에 마시는 술

"가기 전에 간단히 아페리티프* 어때요?"

"그러자 어제 남은 아시 파르망티에로 만든 작은 튀김을 가져왔는데 또 맛있는 겁니다."

오후가 되자 감독은 이제 진짜로 일하러 가야 한다고 말했어요.

"그 뒤로는 떠나지 않았어요."

"재밌는 이야기네요. 하지만 둘 다 영화광이었잖아요."

"네가 만든 타르트가 너무 좋아."

"다른 사람이 가진 관심사에도 흥미가 생길 수 있죠."

"결혼하자."

"절 봐요. 처음에는 미술을 하나도 몰랐어요."

"공통점이 없는데도 맛있는 요리 하나 때문에 사랑에 빠질 수 있을지는 의문이에요."

"항상 깨어있어야 해요. 맛의 기쁨을 발견하듯이 모든 기쁨을 계발하는 겁니다!"

"셰프님, 다른 손님들은 다 가셨습니다. 그 여자 손님께서 기다리고 계세요."

"셰프님 감사합니다!"

"알았네. 지금 가지."

"집에서 달걀프라이 연습할게요!"

MICHEL GUÉRARD

미셸 게라르
<의외의 발견>

"네가 먹는 음식이 너의 유일한 약이 되게 하라."
- 히포크라테스 HIPPOCRATES

* 프랑스 화가 자크 마조렐이 모로코 마라케시에 조성한 정원

ANNE-SOPHIE PIC

안소피 피크
<놀라움>

"오감을 총동원할 때만 진정한 요리사가 될 수 있다."
- 뮈리엘 바르베리 MURIEL BARBERY

* <요리를 둘러싼 짧은 대화>, 므뉘 프레탕, 2015

LAURENT PETIT

로랑 프티
<이웃들>

"정말 통하는 사람인지는 부엌에서 알 수 있다.
집에서 침대를 빼고 진정으로 내밀한 공간은 부엌뿐이니까."
- 로제 푸르니에 ROGER FOURNIER

GILLES GOUJON

질 구종
<마을>

"사람은 좋아하는 것만을 잘할 수 있다. 과학도 신념도 위대한 요리사를 만들지 못한다."
- 콜레트 COLETTE

* 눈속임이라는 뜻

ARNAUD DONCKELE

아르노 동켈레
〈첫눈에 반하다〉

"집에서 만드는 요리에서 가장 중요한 재료는 바로 애정이다."
- 소피아 로렌 SOPHIA LOREN

* '황금 파도'라는 뜻

* 19세기 프랑스 낭만파 시인 알퐁스 드 라마르틴의 <호수> 중 한 구절

* 생트로페의 유명 카페

* 코르시카의 해산물 공급업자

GUY SAVOY

기 사부아
<손님>

"약간의 마법을 부리지 못한다면 굳이 요리에 손댈 필요도 없다."
- 콜레트 COLETTE

* 세계적인 수준의 명문 정치학교로, 정재계 인사 및 언론인을 다수 배출함

* 벨기에 브뤼셀에서 처음 문을 연 홍합요리 전문점

* 프랑스 남서부 도르도뉴의 코뮌

* 샤를 뒤몽의 <나는 시간의 황금을 찾네>

위대한 셰프들
프랑스 미슐랭 스타 셰프들의 요리 이야기

초판발행 | 2024년 03월 22일
펴낸곳 | 동글디자인
발행인 | 현호영
지은이 | 크리스티앙 르구비, 엠마뉴엘 들라콩테, 파니 브리앙
옮긴이 | 박지민
편 집 | 황현아, 김보나
디자인 | 김혜진, 강지연
원서 편집 | 파트리스 호프만
원서 아티스틱 디렉터 | 프랑수아 뒤르켐
원서 내지 디자인 | 악셀 뷰레
주 소 | 서울특별시 마포구 백범로 35, 서강대학교 곤자가홀 1층
팩 스 | 070.8224.4322
이메일 | dongledesign@gmail.com

ISBN   979-11-91925-18-0

Sacrés chefs!
Voyage fabuleux au coeur des plus grandes cuisines françaises
by Fanny Briant, Emmanuelle Delacomptée, and Christian Regouby
Copyright © Flammarion, Paris, 2021
All rights reserved

Korean translation rights © Dongle Design, 2024
Korean translation rights are arranged with
Flammarion SA through AMO Agency, Korea

이 책의 한국어판 저작권은 AMO 에이전시를 통해 저작권자와 독점 계약한
동글디자인에 있습니다. 저작권법에 의해 한국 내에서 보호를 받는 저작물이므로
무단 전재와 무단 복제를 금합니다.

잘못 만든 책은 구입하신 서점에서 바꿔 드립니다.

동글디자인에 투고를 희망하실 경우 아래 메일을 이용해 주십시오.
전문서적부터 실용서적까지 다양한 분야의 도서를 출간하고 있습니다.
dongledesign@gmail.com